CONSEILS D'UN AMI

AUX

RÉFUGIÉS PATRIOTES,

PAR J. C. L. DE SISMONDI.

(Extrait de la *Revue mensuelle d'économie Politique*. Cahier de septembre 1834.)

ON S'ABONNE A LA REVUE, RUE DU COLOMBIER, N° 15.

PARIS.

IMPRIMERIE DE MOQUET ET COMP.

RUE DE LA HARPE, N° 90.

CONSEILS D'UN AMI

AUX

PATRIOTES RÉFUGIÉS,

PAR

M. J. C. L. DE SISMONDI.

Dès la fondation de ce journal, nous avons annoncé à plusieurs reprises que nous donnions aux mots *économie olitique* un sens beaucoup plus large que celui qui leur est attaché dans l'acception commune; que nous croyions devoir comprendre sous ce titre toute la théorie des lois destinées à procurer le bonheur des hommes réunis en société. Déjà, en traitant du suffrage universel, nous sommes sortis complètement du cercle dans lequel on circonscrit généralement les sciences économiques; nous nous proposons d'en sortir de nouveau, pour atteindre des questions sociales non moins élevées; nous sonderons les constitutions jusque dans leur base, et nous croyons que nos lecteurs nous sauront gré de leur offrir cette variété, pourvu que nous demeurions fidèles à cet esprit d'analyse philosophique que nous avons promis devoir être celui de ce journal; que nous poursuivions la recherche de la vérité sans acception de personnes et de partis; la discussion des bases de l'état social, sans hostilité contre le pouvoir, sans appel aux passions, sans associer nos études théoriques à la polémique du jour.

Ce n'est pas même aux Français que nous avons intention de nous adresser aujourd'hui. Persuadés comme nous le sommes qu'il y a mille voies pour arriver à la liberté, et que le développement d'une nation ne requiert point impérieusement une forme de gouvernement plutôt qu'une autre, nous croyons que la prudence la plus commune invite les Français à faire avec patience l'épreuve des formes auxquelles ils se sont soumis, à en étudier le jeu, les avantages et les inconvéniens, avant de songer à les modifier ; à imprimer enfin à leur gouvernement tel qu'il est, la volonté nationale, au lieu de se demander s'il y aurait pour eux quelque profit à s'en donner un autre.

Mais il existe aujourd'hui en France, en Suisse, en Angleterre, une classe nombreuse de réfugiés politiques, que leur situation appelle bien plus à s'occuper de ce qui doit être que de ce qui est. L'ancien régime leur a déclaré la guerre ; ils l'ont acceptée, et ils se sentent destinés à détruire avant que d'édifier. Pour eux, tout ce qui existe et tout ce qui peut exister est en question ; leur pays leur semble une table rase, sur laquelle, quand le moment sera venu, ils pourront résoudre, d'après des règles abstraites, les problèmes constitutionnels. Sans doute ils ont le plus grand intérêt à étudier à fond la théorie de l'organisation des sociétés, à en reconnaître les vrais principes, à s'entendre sur ceux qu'il leur convient d'adopter, pour que leurs efforts soient unanimes lorsque l'heure de l'action aura sonné. Toutefois, il leur importe davantage encore de bien connaître leur position, pour ne prétendre qu'à ce qu'ils peuvent obtenir. La guerre seule et une victoire complète pouvaient les mettre en situation d'élever dès ses fondemens un nouvel édifice politique : une autre voie s'ouvre peut-être aujourd'hui pour eux ; le mouvement général de l'Europe peut bientôt les mettre en mesure, non de reconstruire, mais de réparer ; alors, des théories abstraites ils devront redescendre aux faits ; ils devront chercher les modifications de l'ordre actuel, qui, sans les satisfaire, mettront le plus leur patrie sur la voie du progrès. Cette étude pratique ne demande pas une moindre connaissance de la portée de chacun des élémens du gouvernement; mais elle demande en outre une modération malheureusement bien rare, une prudence dans le choix entre les principes libéraux, que les politiques de nos jours ne songent point à enseigner.

Au moment où la révolution de 1830 éclata en France, tous les peuples opprimés durent croire que la guerre était désormais engagée entre la liberté et l'absolutisme, et que le moment de la justice était venu aussi pour eux. Ils s'élancèrent les premiers dans l'arène des combats; alors il ne s'agissait plus pour eux de réforme, mais de révolution et d'une reconstruction entière de l'ordre social. Ils s'étaient trompés; les gouvernemens absolus laissèrent la France accomplir sa révolution sans guerre, et la France ne voulut point s'y engager pour les intérêts de ses voisins. Une aigreur mutuelle en est résultée; la France se montre sévère envers ces hommes qui lui reprochent leurs malheurs, et elle est trop disposée à oublier aujourd'hui combien leur cause était juste et légitime.

L'impatience et l'irritation qu'ont excitées les soulèvemens des rues, durant les quatre dernières années, ont trop fait oublier, à la majorité des Français, le droit et le devoir d'une résistance légitime. Tandis qu'euxmêmes pouvaient jouir des progrès de la législation et de la science sociales, l'Italie et la Pologne étaient soumises à des maîtres qui voulaient les faire reculer violemment vers un état de demi-barbarie. Loin d'admettre aucun perfectionnement dans leurs législations, ils empruntaient au moyen-âge ses absurdités dès long-temps proscrites, pour les leur rendre de nouveau. Ils fermaient les universités, ils interdisaient les études, ils introduisaient dans les lois le plus effrayant désordre, dans les tribunaux la plus honteuse corruption; enfin, atteignant l'honneur et les souvenirs aussi bien que les intérêts, ils refusaient à leurs sujets le droit de se croire une patrie ; ils ne reconnaissaient plus de nation italienne ni polonaise ; ils auraient exclu, s'ils l'avaient pu, du langage, les noms d'Italie et de Pologne.

Aucun pacte, aucun traité ne sauraient autoriser des gouvernemens à prendre des mesures aussi odieuses, aussi offensantes que celles des Russes en Pologne, des Autrichiens en Lombardie, du roi de Sardaigne et du pape en Piémont et dans les états romains ; mais loin que les traités ou les conventions leur fournissent un prétexte, ils rendaient au contraire l'usurpation plus flagrante. Lorsque la Pologne avait été adjugée par l'Europe à la Russie, des conditions solennelles de liberté progressive avaient été stipulées en faveur des Polonais ; après avoir été acceptées, elles ont toutes été violées. Des promesses non moins explicites, quoiqu'elles n'eussent pas fait l'objet d'un traité, avaient été adressées par l'Autriche et ses alliés aux peuples d'Italie, pour les soulever en 1814 ; elles ont toutes été foulées aux pieds.

Enfin, il est une sanction qui, sans être aujourd'hui reconnue par la France, est encore puissante sur l'esprit de beaucoup de peuples, et qui établit entre les gouvernans et les gouvernés des habitudes d'affection et de confiance : c'est celle de la légitimité ; mais cette sanction manquait aux gouvernemens de Pologne et d'Italie ; tous deux n'étaient fondés que sur la force brutale, en opposition patente avec tous les droits anciens. L'antique et glorieuse république de Pologne avait pris dès long-temps sa place dans le droit public de l'Europe, avant que les Russes, tour-à-tour ses vassaux ou les esclaves des Tartares, se fussent révoltés contre leurs maîtres. Les Polonais, loin d'être accoutumés à se croire leurs sujets, s'indigneraient d'être crus leurs égaux. En Italie, l'ordre légitime est celui de la liberté, de cette liberté qui fit la grandeur des républiques du moyen-âge, et à laquelle le monde doit sa civilisation. Les Italiens pouvaient encore reconnaître comme légitimes leurs gouvernemens nationaux, autrefois délégués par le peuple, encore qu'ils n'eussent pas été fidèles à leur origine; ils pouvaient croire leur fidélité engagée envers les aristocraties de Venise, de Gênes, de Lucques, ou les maisons ducales qui tenaient leurs titres du choix ou du moins de l'assentiment du peuple, comme les Visconti à Milan, les Estensi à Ferrare et Modène, les Gonzaga à Mantoue, les Médicis à Florence; tous ces gouvernemens ont fait place à des maîtres nouveaux et étrangers, imposés par la violence. Les papes eux-mêmes avaient été choisis comme défenseurs des libertés de l'Italie centrale. Un magistrat électif avait été chargé, sous le nom d'empereur, de la défense des libertés germaniques. Il avait sans doute abusé beaucoup de son pouvoir, surtout en Italie; mais enfin là aussi il représentait d'antiques libertés, et quand il réunissait à la directe de l'Empire des membres qui en avaient été autrefois détachés, il le faisait encore au nom de la liberté. Une usurpation qui a bouleversé le droit antique de l'Europe, a détruit de nos jours la monarchie élective dans l'Empire. Le monarque électif, qui avait prêté serment aux constitutions de l'Empire, s'est fait, de sa propre autorité, Empereur héréditaire en Autriche; il a renoncé ainsi à toute autorité légitime sur l'Italie; le pouvoir qu'il y exerce désormais est celui d'un usurpateur.

Ainsi, soit que l'on considère les rapports des gouvernans avec les gouvernés en Pologne et en Italie, sous le point de vue des droits naturels des hommes à la félicité, ou sous celui des promesses qui avaient été faites, ou sous celui des droits héréditaires et de la légitimité, les princes ne pouvaient prétendre à l'obéissance, et les sujets étaient autorisés à résister dès qu'ils en trouveraient l'occasion.

Si la guerre avait dû être suivie de procédures judiciaires, selon le droit, ç'aurait été sur le trône qu'une amnistie aurait dû aller chercher les grands coupables pour les réconcilier à la société.

Mais la victoire est demeurée aux usurpateurs; elle est demeurée aux ennemis de la liberté, aux ennemis du progrès, aux ennemis de la justice. Le premier devoir des chefs d'un parti, c'est de savoir reconnaître les faits et de s'y soumettre. A la réserve de quelques généreux jeunes gens, la masse de la population italienne n'a pas eu même le temps de s'armer; la sympathie qu'elle a montrée pour eux n'a point empêché qu'ils ne fussent écrasés. L'héroïque Pologne, au contraire, s'est soulevée tout entière; elle a combattu avec une vaillance sans égale; aucun sacrifice n'a paru trop grand aux nobles, aux riches, aux bourgeois ou aux plus pauvres paysans; elle a succombé cependant, et depuis sa défaite son vainqueur s'est acharné sur elle pour anéantir le reste de ses forces.

Une grande leçon ressort de ces deux défaites; puisse-t-elle n'être pas perdue pour les réfugiés de la liberté; c'est que, dans l'état actuel de l'art militaire en Europe et des alliances entre les gouvernemens, quel que soit l'héroïsme et l'unanimité d'un peuple, il n'est pas de force à secouer en même temps le joug de son propre gouvernement et celui du peuple voisin qui le lui a imposé. Une révolution ne pourra s'accomplir par la force que quand l'Autriche sera suffisamment occupée hors de l'Italie, et la Russie hors de la Pologne. Jusqu'alors il y a folie et crime à la tenter; folie à ne pas avoir appris par l'expérience à connaître ses forces et celles de l'ennemi; folie à ne pas s'apercevoir que les réfugiés aliènent ainsi les peuples leurs amis, qui dans ce moment ne demandent que le repos; crime, parce que chaque tentative manquée entraîne dans un piége les patriotes les plus généreux et les sacrifie sans but; crime, parce que toute attaque imprudente fortifie celui contre lequel elle est dirigée; crime, parce que, pour satisfaire une impatience morbide, une imprudente légèreté, peut-être une vanité puérile, les conspirateurs anéantissent les ressources futures de la patrie et toutes les chances de la liberté.

Un premier conseil doit donc être adressé avant tous les autres au parti patriote en Pologne et en Italie, aux réfugiés de ce parti dispersés chez les autres nations, et aux amis de la liberté, dans tous les pays où aucune liberté n'existe: c'est de contrefaire les morts, de s'effacer et d'attendre un temps meilleur, en ménageant leurs forces. L'organisation destinée à opprimer ce parti est aujourd'hui complète et vigilante; tout signe de vie qu'il donnera, ne servira qu'à provoquer contre lui un redoublement de rigueur. Si les émigrés se livrent aux illusions qui, dans tous les siècles, ont trompé les hommes placés comme ils le sont; s'ils agissent à contre-temps, leurs compatriotes sur les lieux, plus calmes et mieux instruits, jugeront mieux les circonstances; ils verront qu'on les compromet sans raison, qu'on aggrave le joug qui pèse déjà sur eux, qu'on les expose à des vexations intolérables; alors, au lieu de se confier aux patriotes exilés, comme aux martyrs de leur propre cause, à leurs plus dévoués défenseurs, ils ne verront plus en eux que des factieux et des brouillons, qui forcent leurs gouvernemens à multiplier l'espionnage et les rigueurs, et qui servent la tyrannie au lieu de l'ébranler.

Les réfugiés doivent encore s'effacer et faire les morts, dans les pays qui leur donnent asile; ils se rendent coupables d'inconvenance, d'ingratitude et d'une haute imprudence, toutes les fois qu'ils prennent part aux dissensions des pays où ils sont établis, et qu'ils s'y rangent sous la bannière des partis. Il y a dans toute nation une sorte de hauteur et d'impatience qui fait repousser toute intervention étrangère; ceux mêmes qui ont appelé des patriotes étrangers dans leurs rangs pour un coup de main, sont prêts à dire d'eux: *de quoi se mêlent-ils?* et au premier, au plus léger dissentiment, ils les traiteront comme des intrus. Ils auront raison. L'étranger ne connaît jamais à fond les droits, les lois, les mœurs du pays qu'il habite. Si ce pays a une charte, tout au plus consent-il à la lire, et alors il croit y voir toute sa constitution; tandis que ce qui constitue vraiment un peuple n'est senti que par lui seul et ne saurait s'écrire. Les réfugiés ne se sont que trop mêlés des querelles domestiques de tous les pays qui leur offraient un asile ; et il n'y a pas une seule occasion où, en le faisant, ils ne soient tombés dans les erreurs les plus grossières sur les droits et les intérêts des partis qu'ils secondaient ou qu'ils combattaient. Les réfugiés ont trop oublié que lorsqu'ils recevaient un asile ou des secours, ils contractaient par là une obligation envers les gouvernemens ; car ceux-ci, malgré la sympathie de leurs peuples, auraient toujours pu les éliminer. Enfin les réfugiés ne peuvent espérer de coopération pour leurs projets futurs qu'à l'aide de ces mêmes gouvernemens.

Mais les réfugiés devraient surtout se souvenir que la liberté est une chose progressive, qu'il suffit d'avoir déposé ses semences dans le sol pour qu'elles grandissent. Qu'ils aient donc confiance dans la cause à laquelle ils se sont dévoués, et toutes les fois qu'ils trouvent dans un pays une certaine participation du peuple à la souveraineté, qu'ils attendent ses fruits, au lieu de vouloir les hâter par la violence. Leur impatience n'aurait peut-être pour résultat que de les étouffer.

L'explosion de la révolution française en 1830 étonna tout ensemble, alarma et réjouit tous les peuples. Ils crurent la guerre imminente, mais aussi ils avaient vu qu'un combat glorieux, court et peu sanglant avait suffi pour mettre en trois jours la nation française en possession de la souveraineté populaire et de tous les avantages pour lesquels elle soupirait depuis long-temps. Un instant les rois absolus se crurent perdus ; car quel était le peuple qui n'aurait pas tenté le combat s'il pouvait, pour un prix si minime, acquérir une si magnifique récompense ? Ces rois usèrent d'adresse ; ils cherchèrent à faire voir à leurs sujets que la nation française avait beaucoup plus souffert par la révolution qu'on ne se le figurait d'abord et qu'elle n'avait presque rien gagné, en sorte qu'il y aurait de la folie à l'imiter. Ils n'ont que trop été secondés par les circonstances, et, il faut le dire, aussi par les réfugiés, qui auraient dû agir dans un sens tout contraire.

Un profond bouleversement du crédit français fut la première conséquence de la révolution. Il ébranla tout le commerce, il arrêta tous les travaux, il fit éprouver une détresse cruelle aux ouvriers, il suspendit presque absolument le débit des petits marchands, et il produisit dans l'esprit des boutiquiers une réaction qui se signale chaque jour par l'attitude que prend la garde nationale à Paris. Les banquiers du gouvernement déchu et ceux de tout le parti aggravèrent cette crise, en jouant dans les fonds à la baisse, et ce jeu se trouvant profitable, d'autres le continuèrent par cupidité. La perte de toutes les valeurs, l'ébranlement de toutes les fortunes, furent sans proportion avec les chances probables. Plût au ciel que les gouvernemens eussent du moins profité de cette dure leçon ; qu'ils eussent appris que le jeu de la bourse est une calamité nationale qui aggrave toutes les autres, et qui, au moment du besoin, change en vaines feuilles de papier toutes les ressources d'un gouvernement ; que le crédit lui-même, s'il est un moyen de faire circuler plus vite les richesses et de les accroître, leur enlève d'autre part leur base la plus solide, et donne par conséquent à toutes les convulsions politiques un caractère bien plus fatal.

Cependant aucun événement ne pouvait mieux seconder les vues des gouvernemens ennemis de la liberté. Ils étaient heureux de pouvoir dire à leurs peuples : « Voyez ce qu'on gagne aux révolutions ; voyez la ruine des banquiers, de celui surtout qui s'est montré si dévoué à la liberté, dont on a tant célébré et si mal reconnu le patriotisme ; voyez la misère des ouvriers, la cessation de tout débit dans les boutiques. » Ce fut pour eux un nouveau bonheur que le renouvellement des émeutes à Paris et dans toutes les grandes villes ; non seulement elles aggravaient la ruine précédente; elles dégoûtaient encore des révolutions la grande masse des peuples : car toute susceptible qu'est la multitude d'une fermentation et d'un enthousiasme momentanés, le premier et le plus vrai besoin des masses est celui du repos.

Les vœux des monarques absolus furent secondés par ce long ébranlement qui suit toujours les révolutions. Rien n'est plus glorieux pour la race humaine que cette résolution d'un peuple, qui, plutôt que de souffrir l'établissement de la tyrannie, se lève tout entier et vient exposer sur le champ de bataille tout son bonheur domestique, sa fortune, sa vie, contre un gouvernement maître des arsenaux, des soldats et du trésor de l'État. Mais si le peuple remporte alors la victoire, elle ne laisse pas que de lui coûter cher, parce qu'elle accoutume à une résistance habituelle contre l'autorité, elle rompt le prestige de la force publique, et elle persuade à tous les mécontens, à tous les brouillons, que c'est à coups de fusil que doivent se traiter toutes les questions constitutionnelles. Or, si un peuple qui ne sait pas se soulever pour défendre son honneur, n'est pas digne de la liberté, un peuple qui se soulève sans cesse, qui recourt à la force tandis qu'il y a moyen d'agir par la raison ou par le droit, ne connaît pas les premiers élémens de la société civile. Après une insurrection à laquelle la nation entière s'est associée, viennent les insurrections des impatiens, des jeunes gens, des brouillons, des exclusifs, qui ne veulent observer aucune paix, tant que la forme de gouvernement qu'ils préfèrent n'est pas adoptée. Ce sont des minorités toujours plus faibles qui s'arment et qui s'efforcent de saisir par surprise l'autorité. Leur victoire serait un délit flagrant contre la liberté; leur défaite ne lui est guère moins funeste : car elle grossit sans cesse les rangs de ceux qui veulent à tout prix la paix intérieure. Qu'on étudie de bonne foi l'effet des insurrections de Paris durant les quatre dernières années, et qu'on évalue, si l'on peut, non pas seulement tout le pouvoir qu'elles ont jeté dans les mains du gouvernement, mais tout le chemin rétrograde qu'elles ont fait faire à l'opinion publique, tout le discrédit qu'elles ont fait rejaillir sur les noms de patriotisme, de principes, de droits de l'homme et de république. Des insurrections semblables ont éclaté aussi en Belgique et dans la Suisse révolutionnée; elles sont journalières dans l'Amérique ci-devant Espagnole, et elles empêchent que ce pays, si richement doté par la nature, ait fait encore aucun progrès vers la liberté. Quiconque aime vraiment cette liberté, quiconque la comprend, s'opposera de toute sa puissance à cet appel continuel à la force, à cette démocratie à coups de sabre, à la façon de la milice d'Alger; à cet anéantissement de tous les droits, de toutes les garanties sociales. Que les réfugiés y pensent bien : pour chasser la tyrannie de leur pays, ils ont droit de recourir à la force; mais s'ils transportent cette manière sauvage de satisfaire leurs passions, ou de faire triompher leurs systèmes, dans les pays qui leur ont donné asile, ils se rendent coupables de la plus haute offense qu'ils puissent commettre contre la liberté et la civilisation.

Si la ruine du crédit, si la fréquence des émeutes en France effrayèrent les peuples encore asservis, et les écartèrent du chemin par lequel on arrive à la liberté, les écrivains qui se donnent pour patriotes, et plus encore peut-être les réfugiés prirent à tâche de les dégoûter du but, en leur présentant sous de fausses couleurs le résultat de la lutte. A les en croire, la France n'a rien gagné à la révolution; ils seraient à la paie du congrès de Vienne, qu'ils ne parleraient pas autrement. Sans doute, une fâcheuse réaction a été produite sur l'esprit public par les émeutes; en même temps l'expérience a fait naître des doutes sur des théories qu'on avait trop légèrement appelées des principes. Mais la France est devenue par la révolution sa propre maîtresse; sa pensée et l'expression de cette pensée sont libres ; son armée et sa garde nationale sont en ses propres mains. Ni une cour ennemie de l'indépendance, ni un sacerdoce ennemi des lumières ne conspirent plus pour corrompre la jeunesse, et lui inspirer de faux principes. Le mouvement rétrograde auquel elle obéit aujourd'hui, et que nous déplorons autant qu'aucun des réfugiés, n'est pas l'œuvre de ses adversaires, mais la réaction peut-être inévitable de sa propre liberté.

Autant les réfugiés devraient, par prudence, par calcul, se garder de dire que la France n'a point gagné de liberté à la révolution, autant devraient-ils s'abstenir d'accuser tous les autres gouvernemens libres et constitutionnels de faire cause commune avec leurs adversaires, ou cesser de les pousser à aller toujours plus outre. La seule garantie qui puisse satisfaire les peuples, c'est l'expérience ; on peut, pour un peu de temps, exciter leur enthousiasme par des théories ; mais après la première ébullition, ils demandent bientôt à voir les effets qu'on leur annonce, et ils ont raison. Pourquoi les réfugiés se privent-ils de l'argument si puissant de l'expérience ? Pourquoi ne disent-ils jamais : Venez et voyez ? Voyez le bonheur des peuples, qui, tout imparfaits que soient leurs gouvernemens, ont su y faire entrer le principe de la liberté et du progrès !

Il y a en Europe un pays, la Suisse, que la nature a richement doué de toutes les beautés pittoresques, mais auquel elle a donné aussi un climat rude, un sol hérissé de rochers et de glaciers, des chemins difficiles, aucun rivage de mer, aucun port, et des fleuves qui se refusent à la navigation. Il semblait improbable qu'au milieu de ces obstacles, les habitans de la Suisse pussent s'élever à l'aisance et à la prospérité gratuitement offertes aux habitans des riches plaines de la France ou de l'Allemagne. Ce pays est aujourd'hui partagé entre vingt-deux républiques, dont plusieurs comptent déjà six ou sept siècles de liberté. Lorsque la Suisse, faible en population et en ressources, n'est pas harcelée par les États puissans qui l'entourent, et contrainte à mettre des bornes à son hospitalité, elle se fait gloire d'offrir un asile aux réfugiés de tous les partis, de toutes les opinions, de toutes les religions. La ville du libre examen et du libre suffrage, la république, de toutes celles qui ont jamais existé, où l'opinion gouverne le plus en souveraine, la populaire et protestante Genève ne voit pas sans orgueil le fanatique partisan de l'absolutisme ou du jésuitisme venir rendre hommage à toutes ces libertés qu'il a combattues, en choisissant chez elle son refuge. Les émigrés pour la liberté, plus nombreux encore, y ont souvent trouvé une seconde patrie. Ces émigrés ont aussi visité pied à pied tous les districts de la Suisse, tantôt attirés par le désir de jouir des beautés de la nature, ou par l'espoir de correspondre mieux avec leurs familles, tantôt par l'envie de se soustraire à la jalousie vigilante de tous les gouvernemens de l'Europe, tantôt par des motifs économiques. Ils se sont familiarisés jusqu'avec les plus âpres retraités des Alpes. Serait-il possible qu'ils eussent étudié cette contrée, qu'ils l'eussent comparée au reste de l'Europe, et qu'ils ne sentissent dans leur cœur ni admiration, ni attendrissement, en y voyant l'œuvre lente et calme de la liberté. Nous venons, il y a peu de jours, de parcourir de nouveau quatorze de ces vingt-deux cantons; nous connaissons également presque tous les autres, et dans ces temps de crainte et d'incertitude, la vue de tant de bonheur, d'un progrès si universel vers l'aisance et l'intelligence, d'une sécurité si parfaite, d'une indépendance si réelle pour les classes pauvres et travaillantes, nous a fait éprouver la sensasion d'un baume salutaire appliqué à notre cœur.

De ces vingt-deux républiques, il n'y en a pas une dont la constitution soit semblable à l'autre ; ainsi, le champ des expériences politiques s'étend par elles plus que par tous les autres états de l'Europe ; et comme tout Suisse est poli-

tiquement heureux sous ces formes diverses de gouvernement, l'humanité est intéressée à la conservation de ces
constitutions si variées ; car elle y acquiert un moyen d'approfondir par l'étude des faits cette partie des sciences sociales qui est encore si vague et si incertaine. Les constitutions qui, dans le cours des dernières années, ont été renversées, ont aussi fourni d'importantes leçons. Quelques libéraux
ardens ont dit depuis long-temps que, de tous les gouvernemens, les plus oppressifs, les plus contraires à la liberté
sont ceux des républiques aristocratiques. Les royalistes
se sont hâtés de s'emparer de cette assertion pour la répéter et l'accréditer. Cependant il suffit d'entrer dans le canton de Berne et d'ouvrir les yeux pour en faire justice.
Aucune monarchie ou absolue, ou constitutionnelle, n'a jamais contenu un district qui pût être comparé à l'Emmenthal, non pas seulement pour sa haute prospérité, pour la
richesse de ceux que partout ailleurs on nomme les pauvres, mais pour le caractère de loyauté, de fierté, d'indépendance qu'on y remarque chez les habitans de cet heureux pays. Les autres républiques aristocratiques de la
Suisse n'égalaient point en sagesse et en patriotisme le
canton de Berne ; cependant les sujets de toutes, comparés
à ceux des monarchies voisines, portaient visiblement le caractère d'hommes libres et d'hommes heureux. Comment
les réfugiés, non pas de Pologne seulement, mais de Lombardie, mais d'Allemagne, n'en seraient-ils pas frappés, s'ils
se souviennent des paysans qu'ils ont laissés chez eux ? En
Suisse, on ne pouvait trouver de pays vraiment opprimés
que les bailliages sujets des terres médiates, qui depuis des
siècles étaient toujours traités en pays conquis. Ces bailliages, réunis pour la plupart aux nouvelles démocraties,
portent encore de nombreuses traces, et matérielles et
morales, de leur ancien servage.

Nous le disons à regret : les réfugiés accueillis dans les
républiques suisses ont mal profité des leçons qui s'offraient

à eux de toutes parts. Persuadés qu'ils étaient dépositaires de la doctrine unique de la liberté, ils ne se sont donné la peine ni de voir les faits matériels, ni d'étudier les mœurs. Ils ont cru, parce qu'ils s'appelaient patriotes eux-mêmes, devoir s'associer avec tous ceux qui prenaient ce nom en Suisse, quand même plusieurs de ceux-ci étaient les ennemis ardens et aveugles de toutes les institutions de leur patrie libre, comme de toute civilisation. Ils ont pris place dans leurs clubs, ils sont montés à leurs tribunes, ils ont écrit dans leurs journaux incendiaires, prêchant à tous les gouvernemens progressifs, à ceux même qu'une révolution récente avait fondés, des révolutions nouvelles; voulant faire passer sur cette vieille terre de la liberté le niveau des théories françaises de 1792, qu'aucune heureuse expérience n'a encore sanctionnées ; appelant une constituante, pour tout détruire, et une république unitaire, pour remplacer ces nombreux et antiques monumens de la liberté européenne, que six siècles avaient respectés. Les gouvernemens suisses qui, déjà compromis il y a six mois par quelques réfugiés, ont dès lors lutté avec constance et danger contre toute l'Europe, pour maintenir leur droit d'asile, s'étonnent de voir les proscrits pour lesquels ils s'exposent, se ranger chaque jour sous les drapeaux de leurs ennemis.

Si les doctrines exclusives des réfugiés, si la devise de leur étendard, qui n'admet hors de l'unité et de l'égalité point de salut, ne sont conformes ni aux vrais enseignemens de la science, ni à ceux de l'expérience, ni à leur position comme hôtes d'un peuple libre, elles s'accordent moins encore avec la politique que leur imposent les circonstances. Lorsqu'ils regardaient une guerre générale entre les peuples et les rois comme déjà engagée par les Français, et que voulant y prendre part, ils plaçaient toutes leurs espérances dans les insurrections et n'invoquaient d'autre force que la force populaire, ils agissaient conformément à la fatalité des partis, peut-être même à la prudence, en embrassant les doctrines extrêmes. Ce sont celles, en effet, que les hommes d'action, les hommes énergiques comprennent le mieux; elles forment pour eux un drapeau autour duquel la multitude se rallie souvent pour marcher à la victoire. Mais certes ils doivent reconnaître que cette chance, qui semblait probable en 1830, est aujourd'hui à une distance infinie de toute espèce de réalité. La liberté et le progrès peuvent encore leur être apportés par la guerre, comme par la paix et les négociations, mais ce seront ou les négociations ou la guerre que dirigera pour son propre avantage le gouvernement français, tel qu'il est aujourd'hui constitué.

Le gouvernement de Louis-Philippe est né d'une révolution : il n'est légitime qu'au nom des révolutions ; il est constitué de manière à obéir nécessairement à l'opinion publique ; et cette opinion troublée par les émeutes, corrompue par les intérêts matériels, ayant épuisé tout son enthousiasme, subit aujourd'hui une forte réaction. Le ministère est peu libéral, mais la bourgeoisie l'est beaucoup moins encore ; cependant ce gouvernement n'abandonnera jamais les principes fondamentaux de la révolution ; et quand il voudrait le faire, l'inimitié des gouvernemens despotiques ne le lui permettrait pas. Le gouvernement français a besoin, pour sa sûreté, pour son existence même, d'avoir un parti en Europe, qui, s'il est forcé à la guerre, soit prêt à prendre les armes avec lui. Ce parti ne peut être que celui du progrès et de la liberté. Mais certes Louis-Philippe ne s'appuiera pas sur un progrès qui le renverse, sur une liberté qui l'appelle lui-même despotisme. Que les réfugiés soient contens ou non du gouvernement français, ils ne peuvent ignorer que c'est leur seul allié possible, et qu'il ne leur reste que le choix ou de s'attacher à lui, ou de n'avoir aucun protecteur. Déjà trop souvent quelques insensés parmi eux ont donné à entendre qu'ils avaient besoin de sa chûte pour entrer en jeu, et qu'ils y pousseraient de toute leur force ; car l'allié sur lequel ils comptaient, n'était pas le roi des Français, mais le peuple de France révolutionné. Quand ils ont cru prochain, ou favorable à leur cause un tel événement, ils me paraissent avoir fort mal apprécié les chances de l'avenir et l'esprit des masses ; mais ils ont en cela commis une faute plus grave, une faute dont la responsabilité serait terrible. Au lieu d'accepter pour leur patrie un avantage certain, un appui tout trouvé, ils lui ont fait un ennemi de son plus puissant ami, jouant ainsi, sur une chance plus que douteuse, le sort de leur patrie, de l'humanité et de la liberté.

C'est pour les réfugiés un devoir étroit envers leur patrie, d'accepter l'alliance de la France, toutes les fois qu'elle voudra aider cette patrie ; de l'accepter sous toute condition qui ne compromette ni l'honneur, ni la conscience ; de l'accepter quand même les concessions de liberté et de progrès que la France pourra ou voudra obtenir pour eux, n'égaleraient point leurs désirs ou leurs espérances. Des hommes qui ont montré de si héroïques vertus, qui ont fait de si immenses sacrifices pour la patrie, savent bien, sans doute, qu'accepter une alliance c'est contracter dans son cœur et sur son honneur l'obligation de lui être fidèles. Tout est progressif dans l'ordre social ; les institutions qu'avec l'aide de la France, pourraient obtenir ou l'Italie ou la Pologne, seront susceptibles de développement, et se développeront sans doute avec le temps. Un engagement d'arrêter ce développement serait contraire à la souveraineté nationale, et ne pourrait être accepté ni par l'honneur, ni par la conscience. Mais entre l'espérance de ces progrès et la résolution secrète de tourner les concessions qui seraient faites contre ceux qui les auraient accordées, il y a toute la distance de la loyauté à la perfidie. Si les réfugiés traitent, ce doit être avec bonne foi. Que ceux qui pourraient les appuyer, mais qui les craignent tout autant qu'ils craignent leurs ennemis, puissent se confier en eux, et leurs chances, aujourd'hui même peut-être, ne seront pas mauvaises.

On a vu, après la violente fermentation des esprits au seizième siècle, et les guerres acharnées de la réformation, l'Europe se calmer sur les questions de liberté religieuse, et se partager en deux divisions qui ne se haïssent plus, qui ne font plus d'effort pour faire des conquêtes l'une sur l'autre. Chacune se modifia cependant; chacune fit des progrès vers la liberté religieuse, qui, quoique procédans de deux systèmes divers, doivent être regardés comme la grande explication de la concorde actuelle. On peut donc admettre comme possible que la même chose arrive dans la grande querelle politique de notre siècle; toutefois la réaction en faveur de l'ancien régime religieux ne commença que quand on eut réussi à rallumer en sa faveur le fanatisme des masses. Rien de semblable ne se fait entrevoir jusqu'à présent dans le monde politique. Le désir du progrès existe chez tous les peuples; le parti du pouvoir ne comprend absolument que ceux qui sont payés ou qui espèrent être payés par lui. Les gouvernemens absolus s'appuient sur des juges, sur des espions et sur des soldats; tout le reste demande des réformes, quoique tout le reste soit loin de s'accorder sur la nature de ces réformes. Dans cette condition, l'absolutisme peut encore lutter par la guerre; mais pendant la paix, il doit nécessairement perdre du terrain. Le moment viendra, il est prochain peut-être, où l'influence des gouvernemens constitutionnels agira puissamment sur l'Allemagne, et par elle, sur la Pologne; mais dans ce moment, c'est l'Italie qui se présente en première ligne, c'est l'Italie dont la politique doit inévitablement changer, et cette condition nouvelle est due aux événemens survenus en Espagne et en Portugal.

Ces deux contrées sont désormais entrées dans la carrière du progrès et de la liberté, et elles ont donné ainsi la prépondérance à cette division de l'Europe qui adopte la réforme politique. Puissent les cortès d'Espagne et de Portugal montrer une sagesse, un courage et une modération dont jamais ces deux pays n'ont eu un plus grand besoin ! puissent-elles fermer les plaies de si longues guerres civiles, consulter l'esprit de leurs peuples, et leur donner des institutions vraiment à eux ! puissent-elles leur rendre la paix publique, la sécurité, la réforme dans leurs mœurs, l'ordre dans leurs finances, la vigueur dans leurs armées, la liberté de leurs pensées et de leurs actions, la garantie de la justice : alors l'exemple de leur prospérité et de leur progrès ne sera pas perdu pour l'Italie.

C'est une inévitable nécessité de l'organisation de l'Europe, que l'Italie reprenne son mouvement progressif, qu'elle rejette le joug honteux de l'étranger, qu'elle se donne des lois répondant à ses lumières et à ses volontés nationales ; qu'elle rentre dans une carrière de prospérité, de grandeur et de gloire, à laquelle l'appelle le génie de ses habitans. Aucune race sur la terre ne dépasse celle des Italiens, ne les égale peut-être en facultés ; aucune n'est si richement douée pour les arts, ne réunit dans son intelligence tant de netteté et de promptitude. En vain l'État et l'Église se sont accordés pour lui faire donner depuis trois siècles la plus déplorable éducation ; ils n'ont pu réussir à détruire sa distinction. Seulement comme l'effort de tous a tendu sans cesse à se refuser à cette éducation corruptrice, la nation en a conservé quelques-uns des caractères de l'enfance, de sa mobilité, de son inattention, de sa susceptibilité à prendre des impressions rapides, et à les laisser échapper aussi rapidement.

Les Italiens ont sans doute besoin de quelques années de vie publique, pour reparaître tout-à-fait en hommes aux yeux du reste de l'Europe ; mais combien de nobles exemples nous montrent déjà avec quelle rapidité ils s'avanceront dans la carrière sociale, dès qu'ils y seront entrés ! Un sentiment universel, qui est commun à toutes les classes, qui a fermenté, qui a grandi sans cesse, de siècle en siècle, repousse l'étranger, le barbare, et demande l'indépendance italique. Aucun attachement de dynastie, aucun pouvoir de caste, mais aussi aucune jalousie, aucune haine entre les conditions, ne s'opposent à l'établissement d'un ordre meilleur; aucun préjugé, aucune passion, aucun ressentiment, ne viennent croiser la passion de tous, d'être Italiens et libres. Il y a de la richesse, de la bravoure, du talent et du patriotisme, qui ne demandent qu'à s'employer à ce grand œuvre. Mais il y a, et il doit y avoir dans les masses, une grande répugnance à essayer des théories inconnues; il y a dans les conditions diverses une juste crainte de perdre les avantages acquis; il y a dans la grande majorité une prudente détermination d'aller pas à pas, quoi qu'en puissent croire les réfugiés, parmi lesquels se trouvent naturellement tous les esprits les plus ardens. Ce sentiment national, qui, sous le poids de l'étranger, ne suffit point pour la guerre, est cependant irrésistible. Toujours présent, toujours en attente à la porte du conseil des princes, il profite de toutes leurs incertitudes. Ceux-ci ne peuvent pas appeler à eux un homme de talent, qui ne soit aussi un homme du progrès. En vain un duc de Modène veut éteindre toute lumière, barbariser son peuple a sa mesure, proscrire les livres, fermer les écoles, chasser ou faire périr tous les hommes distingués, et ne récompenser que l'espionnage et la bassesse; sa fureur à lui-même doit s'épuiser; d'ailleurs elle fait honte aux autres princes, et chacun à son tour songe à racheter en faveur de son peuple les douleurs de l'obéissance par quelque concession, par quelque progrès. Ici quelques libertés municipales sont rendues, là quelques lois civiles ou criminelles sont réformées, partout quelques efforts sont tentés pour ramener l'ordre dans les finances, et cependant ceux qui gouvernent dans cet esprit sont des Italiens; ils se forment aux affaires, ils acquièrent ces connaissances, cette habitude du travail, sans lesquelles le gouvernement national, quand il viendra, ne marcherait pas.

Les princes s'accommoderaient peut-être fort bien et pour toujours de la dépendance de l'Autriche; les honneurs, le luxe et les vices d'une cour, avec une protection puissante au dehors, achetés par ces mêmes flatteries et cette même bassesse qu'ils reçoivent de leurs courtisans, voilà probablement tout ce qu'ils demandent. Mais s'ils ne prennent leurs conseillers que parmi les imbécilles, ils ne pourront pas marcher long-temps; s'ils appellent à eux des gens habiles, le sang italien reparaîtra même dans leurs conseils, et il y fera entendre les accens de l'honneur et de l'amour du pays. Les ministères, reconnaissant que, quelque système de droit public qu'on adopte, tous les princes italiens sont des usurpateurs, voudront les légitimer. Ils leur diront que ce peuple, lié par toutes ses affections, par tous ses souvenirs, aux gouvernemens qui les ont précédés, ne se réconciliera à eux que quand ils le relèveront de son humiliation. Ils leur diront que la fermentation contre eux va toujours croissant, et qu'ils ne peuvent espérer de la calmer qu'en se nationalisant; ils leur diront qu'ils ont en vain lutté pour arrêter la pensée et les exemples de la France à la frontière; qu'en dépit d'eux, la communication des esprits a été toujours plus active; mais qu'à présent qu'une nouvelle contagion arrive du Portugal et de l'Espagne, de l'Angleterre, de la Belgique et de la Suisse, aucune police n'est de force pour repousser l'invasion de la pensée; ils leur diront enfin qu'avec le développement qu'a pris la ligue du Midi par la quadruple alliance, l'Italie s'y trouve nécessairement enclavée par la nature; que la mer qui l'entoure multiplie ses communications avec l'Angleterre, la France, l'Espagne, le Portugal, la Grèce et Alger, mais ne lui en donne aucune avec les puissances absolutistes; que sur deux cents lieues de frontières par lesquelles l'Italie tient au continent, il y en a cent vingt-cinq qui l'attachent à la France et à la Suisse, et soixante et quinze seulement à l'Allemagne ; encore ce passage étroit peut-il se resserrer, puisqu'il n'y a pas quarante lieues de Venise aux Alpes des Grisons.

Dans la guerre qui doit inévitablement mettre fin un jour ou l'autre à la lutte des deux systèmes, l'Italie sera sacrifiée si elle reste absolutiste ; elle peut n'être pas même entamée, ne pas voir un soldat étranger, si elle se fait libérale. L'intérêt des princes est plus évident encore. S'ils acceptent aujourd'hui la condition des rois de France et d'Angleterre, des reines d'Espagne et de Portugal, ils peuvent transmettre leurs trônes à leurs descendans ; tandis qu'ils en seront précipités, quoi qu'il arrive, par l'Autriche ou par la France, s'ils se font les lieutenans de la première. Il y a lieu de croire, en effet, que quelques-uns commencent déjà à s'ébranler ; le roi des Deux-Siciles, qui a de la jeunesse et de l'ambition, qui se sent plus de force et plus d'indépendance que tous les autres, que les liens du sang et d'anciens souvenirs d'alliance rapprochent déjà des maisons de France et d'Espagne, hésite aujourd'hui sur la porte, partagé entre tous ses intérêts d'indépendance, de sûreté et de gloire, et sa crainte de la liberté. Certes, s'il n'y a de durée et d'honneur pour lui qu'en s'unissant à la quadruple alliance, et en faisant entrer ses peuples dans la voie du progrès ; d'autre part, aucune chance plus heureuse ne s'est encore offerte aux Italiens : leur avenir est assuré si le roi de Naples entre dans l'alliance du Midi, et s'il y obtient une place honorable. Alors les patriotes italiens rentreront sur le sol de l'Italie, et ils consacreront à l'avancement de leur nation leurs talens, leur énergie et leurs vertus. Ils seront utiles à leur patrie, mais leur patrie leur sera plus utile encore à eux-mêmes, car elle les fera passer du champ des spéculations, souvent des rêveries, à celui de la vie réelle ; elle leur fera faire cet apprentissage si essentiel de la vie des camps, du barreau, de la tribune, de l'administration, où ils oublieront ce qui n'est peut-être pas moins essentiel, la vie des clubs ; elle mettra la vraie pensée italienne en présence des choses italiennes, au lieu d'user une pensée française d'emprunt sur un monde imaginaire ; elle formera enfin les hommes, elle développera les réputations sans lesquelles le progrès est impossible.

Que les patriotes réfugiés y songent bien : si, au lieu de se réunir franchement à Ferdinand II, de le servir loyalement, et de lui faire le sacrifice de plusieurs des plus doux rêves de leur imagination qu'il ne saurait réaliser, ils l'effarouchent ; s'ils lui font entendre qu'il n'y a pour eux de succès que dans son humiliation ou son expulsion, ils effaceront tout le mérite de leurs généreux efforts, de leurs héroïques sacrifices ; ils demeureront comptables envers leur patrie, pour l'avoir privée de ses meilleures chances de délivrance. C'est eux qu'elle accusera de l'avoir fait reculer quand elle pouvait avancer. Qu'abstraitement ils désirent la plus parfaite des constitutions pour la nation qu'ils croient la première de toutes, rien de plus naturel, rien de plus juste ; mais que, lorsqu'ils reconnaissent qu'il ne dépend point d'eux de la donner, ils refusent par dépit la seule qu'ils puissent atteindre, ils sacrifient une réalité à de vains désirs : c'est ce que la patrie, ce que la postérité ne leur pardonneraient pas. Or, bien au-dessous de leurs vœux, il reste encore une marge immense pour le progrès. Il n'y a pas une des constitutions imparfaites récemment données à l'Allemagne, pas jusqu'à l'organisation dont la France était menacée par les ordonnances de Juillet, qui ne fût pour les Italiens un immense bienfait.

D'ailleurs, le premier besoin de l'Italie, c'est l'indépendance ; elle est plus précieuse encore que la liberté. Or, au moment d'une lutte critique, le gouvernement a surtout besoin de force ; qu'ils se gardent de le bafouer, de le rendre suspect, de critiquer toutes ses mesures, de lui lier les pieds et les mains au moment du combat ; dès que leur prince aura adopté une pensée vraiment italienne, qu'ils songent à le faire fort contre l'étranger, au lieu de se faire forts contre leur prince ; qu'ils songent à lui donner lieu d'être content du choix qu'il aura fait, afin que les autres suivent son exemple, et que toute une fédération italienne entre dans l'alliance progressive et libérale du Midi.

Lorsqu'on se rappelle les antécédens du roi de Sardaigne et du pape, de la duchesse de Parme et du duc de Modène, on a peine à prévoir de leur part un tel changement. Leur accession à la politique du progrès n'en est pas moins inévitable dès que le roi des Deux-Siciles sera entré dans cette voie et y aura trouvé son avantage. C'est la conséquence de leur faiblesse et de la force des choses. Le cercle du libéralisme qui entoure déjà l'Italie se resserrerait bien davantage autour de ces petits souverains. Leur résistance à la voix de la raison, de l'honneur, de l'intérêt, aux demandes de leurs sujets et de tous leurs voisins, deviendrait toujours plus impossible. L'Autriche ferait-elle alors la guerre, pour arrêter ce grand mouvement ? la ferait-elle après ne l'avoir pas tentée au moment de la révolution de Juillet, quand tout était désorganisé en France, et qu'elle croyait encore au concours de l'Angleterre ? La ferait-elle quand quatre ans de pied de guerre l'ont plus épuisée qu'aguerrie ? La ferait-elle après la grande leçon que les cortès donnent aux banquiers, en proclamant que les peuples qui s'affranchissent ne paient pas les emprunts contractés pour les asservir ? Ne croirait-elle pas plutôt devoir se faire pardonner par les Italiens ses usurpations sur la république de Venise, sur les ducs de Milan et de Mantoue, sur le Saint-Empire Romain, en leur accordant un gouvernement plus libéral que celui de leurs souverains légitimes ; et de concessions en concessions n'arriverait-elle pas à une constitution qui satisfît les désirs les plus ardens de l'Italie ? Dans un gouvernement où toutes les délibérations sont secrètes, où toutes les résolutions se prennent en silence, on est quelquefois très près de céder alors qu'on tient aux étrangers le langage le plus résolu et le plus hautain. La conduite précédente du cabinet de Vienne fait attendre de lui de la prudence, et la juste appréciation de sa position plutôt qu'une orgueilleuse témérité. Nous ne prétendons point soulever le voile de l'avenir ; mais si le cabinet de Vienne veut la guerre, s'il la veut contre le droit des gens, et pour plier à ses lois des états souverains dont l'indépendance est égale à la sienne, la ligue du Midi peut l'attendre avec confiance ; et les petits princes enclavés dans ses grandes limites, qui se feraient les champions de l'absolutisme, ont seuls occasion de trembler ; alors le temps des concessions et des demi-mesures serait passé, alors les Italiens pourraient atteindre les questions fondamentales de l'organisation des sociétés. Même quand le moment de faire l'application de ces théories ne devrait jamais venir, nous croyons qu'il y a de l'avantage à les éclaircir, et nous nous proposons d'en faire le sujet de quelques essais qui suivront celui-ci.

J. C. L. DE SISMONDI.

131

www.ingramcontent.com/pod-product-compliance
Lightning Source LLC
Chambersburg PA
CBHW071434030726

47594CB00006B/2725